school - school	2
travel - reis	5
transport - transport	8
city - stad	10
landscape - landschap	14
restaurant - restaurant	17
supermarket - supermarkt	20
drinks - dranken	22
food - eten	23
farm - boerderij	27
house - huis	31
living room - woonkamer	33
kitchen - keuken	35
bathroom - badkamer	38
kids room - kinderkamer	42
clothing - kleding	44
office - kantoor	49
economy - economie	51
occupations - beroepen	53
tools - gereedschap	56
musical instruments - muziekinstrumenten	57
zoo - dierentuin	59
sports - sport	62
activities - activiteiten	63
family - familie	67
body - lichaam	68
hospital - ziekenhuis	72
emergency - noodgeval	76
earth - aarde	77
clock - klok	79
week - week	80
year - jaar	81
shapes - vormen	83
colors - kleuren	84
opposites - tegenstellingen	85
numbers - getallen	88
languages - talen	90
who / what / how - wie / wat / hoe	91
where - waar	92

AF216504

Impressum
Verlag: BABADADA GmbH, Nedderfeld 112 , 22529 Hamburg
Geschäftsführer / Verlagsleitung: Harald Hof
Druck: Books on Demand GmbH, In de Tarpen 42, 22848 Norderstedt

Imprint
Publisher: BABADADA GmbH, Nedderfeld 112 , 22529 Hamburg, Germany
Managing Director / Publishing direction: Harald Hof
Print: Books on Demand GmbH, In de Tarpen 42, 22848 Norderstedt

classroom
klaslokaal

divide
delen

186/2

board
bord

school yard
schoolplein

teacher
leraar

paper
papier

write
schrijven

pen
pen

desk
bureau

ruler
lineaal

book
boek

pupil
leerling

satchel

schooltas

pencil case

etui

pencil

potlood

pencil sharpener

puntenslijper

rubber

gum

drawing pad

schetsblok

drawing
tekening

paintbrush
penseel

paint box
verfdoos

scissors
schaar

glue
lijm

exercise book
schrift

homework
huiswerk

number
getal

add
optellen

subtract
aftrekken

multiply
vermenigvuldigen

calculate
rekenen

letter
letter

alphabet
alfabet

word
woord

text
tekst

read
lezen

chalk
krijt

lesson
les

register
klassenboek

examination
examen

certificate
diploma

school uniform
schooluniform

education
opleiding

encyclopedia
encyclopedie

university
universiteit

microscope
microscoop

map
kaart

waste-paper basket
prullenmand

hotel
hotel

hostel
hostel

currency exchange office
wisselkantoor

car
auto

language
taal

yes / no
ja / nee

Okay
oké

hello
Hallo!

translator
tolk

Thank you
Bedankt.

how much is...?

Wat kost ...?

I don't get it

Ik begrijp het niet.

problem

probleem

Good evening!

Goedenavond!

Good morning!

Goedemorgen!

Good night!

Goedenacht!

goodbye

Tot ziens!

direction

richting

luggage

bagage

bag

tas

backpack

rugzak

guest

gast

room

kamer

sleeping bag

slaapzak

tent

tent

tourist information
VVV-kantoor

beach
strand

credit card
creditkaart

breakfast
ontbijt

lunch
lunch

dinner
diner

Ticket
kaartje

elevator
lift

stamp
postzegel

border
grens

customs
douane

embassy
ambassade

visa
visum

passport
paspoort

travel - reis

airplane
vliegtuig

ship
schip

fire truck
brandweerwagen

bus
bus

truck
vrachtauto

motorboot
motorboot

bike
fiets

car
auto

ferry
veerboot

boat
boot

motorbike
motorfiets

police car
politiewagen

racing car
raceauto

rental car
huurauto

car sharing
carsharing

tow truck
takelwagen

garbage truck
vuilniswagen

engine
motor

fuel
benzine

fuel station
benzinepomp

traffic sign
verkeersbord

traffic
verkeer

traffic jam
file

parking lot
parkeerplaats

train station
station

tracks
rails

train
trein

tram
tram

wagon
wagon

helicopter

helikopter

airport

luchthaven

tower

toren

passenger

passagier

container

container

carton

verhuisdoos

cart

kar

basket

mand

take off / land

opstijgen / landen

city

stad

village

dorp

city center

stadscentrum

house

huis

movie theater
bioscoop

advert
reclame

street light
straatlantaarn

CINEMA

street
straat

taxi
taxi

snack shop
kiosk

pedestrian
voetganger

sidewalk
trottoir

zebra crossing
zebrapad

dumpster
vuilnisbak

crossing
kruispunt

traffic lights
stoplicht

hut

hut

apartment

appartement

train station

station

city hall

stadhuis

museum

museum

school

school

city - stad

university

universiteit

bank

bank

hospital

ziekenhuis

hotel

hotel

pharmacy

apotheek

office

kantoor

book shop

boekenwinkel

shop

winkel

flower shop

bloemenwinkel

supermarket

supermarkt

market

markt

department store

warenhuis

fishmonger's shop

visboer

mall

winkelcentrum

harbor

haven

park

park

bench

bank

bridge

brug

stairs

trap

subway

metro

tunnel

tunnel

bus stop

bushalte

bar

bar

restaurant

restaurant

postbox

brievenbus

street sign

straatnaambord

parking meter

parkeermeter

zoo

dierentuin

swimming pool

zwembad

mosque

moskee

farm

boerderij

pollution

vervuiling

cemetery

begraafplaats

church

kerk

playground

speelplaats

temple

tempel

landscape
landschap

signpost
wegwijzer

path
weg

meadow
weide

stone
steen

tree
boom

hiker
wandelaar

river
rivier

grass
gras

flower
bloem

valley

vallei

hill

berg

lake

meer

forest

bos

desert

woestijn

volcano

vulkaan

castle

kasteel

rainbow

regenboog

mushroom

paddenstoel

palm tree

palmboom

mosquito

mug

fly

vlieg

ant

mier

bee

bij

spider

spin

beetle

kever

frog

kikker

squirrel

eekhoorn

hedgehog

egel

hare

haas

owl

uil

bird

vogel

swan

zwaan

boar

wild zwijn

deer

hert

moose

eland

dam

stuwdam

wind turbine

windmolen

solar panel

zonnepaneel

climate

klimaat

waiter
ober

menu
menu

chair
stoel

soup
soep

pizza
pizza

cutlery
bestek

tablecloth
tafelkleed

starter
voorgerecht

main course
hoofdgerecht

dessert
toetje

drinks
dranken

food
eten

bottle
fles

fast food

fastfood

street food

eetkraampje

teapot

theepot

sugar bowl

suikerpot

portion

portie

espresso machine

espressomachine

high chair

kinderstoel

bill

rekening

tray

dienblad

knife

mes

fork

vork

spoon

lepel

teaspoon

theelepel

serviette

servet

glass

glas

plate

bord

soup plate

soepbord

saucer

schotel

sauce

saus

salt shaker

zoutvaatje

pepper mill

pepermolen

vinegar

azijn

oil

olie

spices

kruiden

ketchup

ketchup

mustard

mosterd

mayonnaise

mayonaise

special offer
aanbieding

FOR

customer
klant

dairy products
zuivelproducten

fruit
fruit

shopping cart
winkelwagen

butcher's shop
slager

bakery
bakkerij

weigh
wegen

vegetables
groente

meat
vlees

frozen food
diepvriesproducten

cold cuts

vleeswaren

canned food

conserven

detergent

wasmiddel

candy

snoepgoed

household products

huishoudelijke artikelen

cleaning products

schoonmaakmiddel

sales representative

verkoopster

cash register

kassa

cashier

kassier

shopping list

boodschappenlijstje

opening hours

openingstijden

wallet

portefeuille

credit card

creditkaart

bag

tas

plastic bag

plastic zak

water

water

juice

sap

milk

melk

coke

cola

wine

wijn

beer

bier

alcohol

alcohol

cocoa

chocolademelk

tea

thee

coffee

koffie

espresso

espresso

cappuccino

cappuccino

banana

banaan

apple

appel

orange

sinaasappel

melon

watermeloen

lemon

citroen

carrot

wortel

garlic

knoflook

bamboo

bamboe

onion

ui

mushroom

paddenstoel

nuts

noten

noodles

pasta

spaghetti

spaghetti

rice

rijst

salad

salade

fries

friet

fried potatoes

gebakken aardappelen

pizza

pizza

hamburger

hamburger

sandwich

sandwich

escalope

schnitzel

ham

ham

salami

salami

sausage

worst

chicken

kip

roast

gebraad

fish

vis

porridge oats

havermout

muesli

muesli

cornflakes

cornflakes

flour

meel

croissant

croissant

bread roll

broodjes

bread

brood

toast

toast

cookies

koekjes

butter

boter

curd

kwark

cake

taart

egg

ei

fried egg

gebakken ei

cheese

kaas

ice cream

ijs

sugar

suiker

honey

honing

jelly

jam

nougat cream

chocoladepasta

curry

kerrie

goat

geit

cow

koe

calf

kalf

pig

varken

piglet

big

bull

stier

goose

gans

duck

eend

chick

kuiken

hen

kip

cockerel

haan

rat

rat

cat

kat

mouse

muis

ox

os

dog

hond

dog house

hondenhok

garden hose

tuinslang

watering can

gieter

scythe

zeis

plow

ploeg

sickle

sikkel

hoe

schoffel

pitchfork

hooivork

axe

bijl

pushcart

kruiwagen

trough

trog

milk can

melkbus

sack

zak

fence

hek

stable

stal

greenhouse

broeikas

soil

grond

seed

zaad

fertilizer

mest

combine harvester

maaidorser

harvest

oogsten

harvest

oogst

yams

yam

wheat

tarwe

soya

soja

potato

aardappel

corn

maïs

rapeseed

koolzaad

fruit tree

fruitboom

manioc

maniok

grain

granen

living room

woonkamer

bathroom

badkamer

kitchen

keuken

bedroom

slaapkamer

kids room

kinderkamer

dining room

eetkamer

floor

vloer

wall

muur

ceiling

plafond

cellar

kelder

sauna

sauna

balcony

balkon

terrace

terras

pool

zwembad

lawn mower

grasmaaier

sheet

laken

bedspread

bedsprei

bed

bed

broom

bezem

bucket

emmer

switch

schakelaar

carpet

tapijt

drape

gordijn

table

tafel

chair

stoel

rocking chair

schommelstoel

armchair

stoel

book

boek

blanket

deken

decoration

decoratie

firewood

brandhout

film

film

stereo system

stereo-installatie

key

sleutel

newspaper

krant

painting

schilderij

poster

poster

radio

radio

notebook

kladblok

vacuum cleaner

stofzuiger

cactus

cactus

candle

kaars

fridge
koelkast

microwave oven
magnetron

kitchen scales
keukenweegschaal

toaster
toaster

laundry detergent
schoonmaakmiddel

stove
oven

freezer
vriesvak

dishwasher
vaatwasser

cooker
fornuis

pot
pan

cast-iron pot
gietijzeren pan

wok / kadai
wok / kadai

pan
koekenpan

kettle
ketel

steamer

stoomkoker

baking tray

bakplaat

crockery

servies

mug

beker

bowl

kom

chopsticks

eetstokjes

ladle

soeplepel

spatula

spatel

whisk

garde

strainer

vergiet

sieve

zeef

grater

rasp

mortar

vijzel

barbecue

barbecue

fireplace

vuurhaard

chopping board

snijplank

rolling pin

deegroller

corkscrew

kurkentrekker

can

blik

can opener

blikopener

oven cloth

pannenlap

sink

wasbak

brush

borstel

sponge

spons

blender

blender

deep freezer

vriezer

baby bottle

babyflesje

tap

kraan

heating
verwarming

towel
handdoek

shower
douche

shower curtain
douchegordijn

bubble bath
bubbelbad

bathtub
bad

glass
glas

washing machine
wasmachine

tap
kraan

tiles
tegels

potty
potje

sink
wasbak

toilet	squat toilet	bidet
toilet	hurktoilet	bidet
urinal	toilet paper	toilet brush
urinoir	toiletpapier	toiletborstel

toothbrush

tandenborstel

toothpaste

tandpasta

dental floss

flosdraad

wash

wassen

hand shower

handdouche

douche

toiletdouche

basin

waskom

back brush

rugborstel

soap

zeep

shower gel

douchegel

shampoo

shampoo

flannel

washanje

drain

afvoer

creme

creme

deodorant

deodorant

mirror

spiegel

hand mirror

make-upspiegel

razor

scheermes

shaving foam

scheerschuim

aftershave

aftershave

comb

kam

brush

borstel

hair-dryer

haardroger

hairspray

haarspray

makeup

make-up

lipstick

lippenstift

nail varnish

nagellak

cotton wool

watten

nail scissors

nagelschaartje

perfume

parfum

washbag

toilettas

stool

kruk

weighing scales

weegschaal

bathrobe

badjas

rubber gloves

rubber handschoenen

tampon

tampon

sanitary towel

maandverband

chemical toilet

chemisch toilet

alarm clock
wekker

cuddly toy
knuffeldier

toy car
speelgoedauto

rattle
rammelaar

doll's house
poppenhuis

present
cadeau

balloon

ballon

bed

bed

stroller

kinderwagen

deck of cards

kaartspel

jigsaw

puzzel

comic

stripverhaal

lego bricks

legostenen

toy blocks

speelgoedblokken

action figure

actiefiguurtje

romper suit

romper

frisbee

frisbee

mobile

mobile

board game

bordspel

dice

dobbelsteen

model train set

modeltrein

pacifier

speen

party

feestje

picture book

prentenboek

ball

bal

doll

pop

play

spelen

sandpit

zandbak

swing

schommel

toys

speelgoed

video game console

spelcomputer

tricycle

driewieler

teddy bear

teddybeer

wardrobe

kleerkast

clothing

kleding

socks

sokken

stockings

kousen

tights

panty

scarf
sjaal

belt
riem

umbrella
paraplu

t-shirt
T-shirt

sneakers
sportschoenen

boots
laarzen

slippers
pantoffels

sandals
··········
sandalen

shoes
··········
schoenen

rubber boots
··········
rubberlaarzen

underwear
··········
onderbroek

bra
··········
beha

undershirt
··········
onderhemd

body

body

pants

broek

jeans

spijkerbroek

skirt

rok

blouse

blouse

shirt

overhemd

pullover

trui

sweater

hoody

blazer

blazer

jacket

jas

coat

mantel

raincoat

regenjas

costume

kostuum

dress

jurk

wedding dress

trouwjurk

suit

pak

nightgown

nachthemd

pajamas

pyjama

sari

sari

headscarf

hoofddoek

turban

tulband

burka

boerka

kaftan

kaftan

abaya

abaja

swimsuit

zwempak

trunks

zwembroek

shorts

korte broek

tracksuit

trainingspak

apron

schort

gloves

handschoenen

button
knoop

glasses
bril

bracelet
armband

necklace
ketting

ring
ring

earring
oorbel

cap
pet

coat hanger
kledinghanger

hat
hoed

tie
stropdas

zip
rits

helmet
helm

braces
bretels

school uniform
schooluniform

uniform
uniform

bib
....
slabbetje

pacifier
....
speen

diaper
....
luier

office
kantoor

server
server

filing cabinet
archiefkast

printer
printer

monitor
beeldscherm

paper
papier

mouse
muis

desk
bureau

folder
map

keyboard
toetsenbord

chair
stoel

waste-paper basket
prullenmand

computer
computer

coffee mug
....
koffiemok

calculator
....
rekenmachine

internet
....
internet

laptop

laptop

letter

brief

message

bericht

cell phone

mobiele telefoon

network

netwerk

photocopier

kopieermachine

software

software

telephone

telefoon

plug socket

stopcontact

fax machine

fax

form

formulier

document

document

buy

kopen

pay

betalen

trade

handel drijven

money

geld

dollar

dollar

euro

euro

yen

yen

rouble

roebel

Swiss franc

Zwitserse frank

renminbi yuan

renminbi yuan

rupee

roepie

cash point

geldautomaat

currency exchange office

wisselkantoor

gold

goud

silver

zilver

oil

olie

energy

energie

price

prijs

contract

contract

tax

belasting

stock

aandeel

work

werken

employee

werknemer

employer

werkgever

factory

fabriek

shop

winkel

police officer
politieagent

fireman
brandweerman

cook
kok

doctor
dokter

pilot
piloot

gardener

tuinman

carpenter

timmerman

seamstress

naaister

judge

rechter

chemist

scheikundige

actor

toneelspeler

bus driver

buschauffeur

taxi driver

taxichauffeur

fisherman

visser

cleaning lady

schoonmaakster

roofer

dakdekker

waiter

ober

hunter

jager

painter

schilder

baker

bakker

electrician

elektricien

builder

bouwvakker

engineer

ingenieur

butcher

slager

plumber

loodgieter

postman

postbode

soldier

soldaat

architect

architect

cashier

kassier

florist

bloemist

hairdresser

kapper

conductor

conducteur

mechanic

monteur

captain

kapitein

dentist

tandarts

scientist

wetenschapper

rabbi

rabbi

imam

imam

monk

monnik

pastor

pastoor

hammer
hamer

pliers
tang

screwdriver
schroevendraaier

wrench
moersleutel

torch
zaklamp

excavator

graafmachine

toolbox

gereedschapskist

ladder

ladder

saw

zaag

nails

spijkers

drill

boor

repair

repareren

shovel

schep

Damn!

Verdorie!

dustpan

stofblik

paint can

verfpot

screws

schroeven

musical instruments
muziekinstrumenten

drum set
drumstel

loud speaker
luidspreker

guitar
gitaar

double bass
contrabas

trumpet
trompet

piano

piano

violin

viool

bass

bas

timpani

pauk

drums

trommel

keyboard

keyboard

saxophone

saxofoon

flute

fluit

microphone

microfoon

dierentuin

tiger
tijger

cage
kooi

zebra
zebra

animal feed
dierenvoer

entrance
ingang

panda
panda

animals

dieren

elephant

olifant

kangaroo

kangoeroe

rhino

neushoorn

gorilla

gorilla

bear

beer

camel

kameel

ostrich

struisvogel

lion

leeuw

monkey

aap

flamingo

flamingo

parrot

papegaai

polar bear

ijsbeer

penguin

pinguïn

shark

haai

peacock

pauw

snake

slang

crocodile

krokodil

zookeeper

dierenverzorger

seal

zeehond

jaguar

jaguar

pony
pony

leopard
luipaard

hippo
nijlpaard

giraffe
giraffe

eagle
adelaar

boar
wild zwijn

fish
vis

turtle
schildpad

walrus
walrus

fox
vos

gazelle
gazelle

American football
American football

cycling
wielrennen

tennis
tennis

basketball
basketbal

swimming
zwemmen

boxing
boksen

ice hockey
ijshockey

soccer
voetbal

badminton
badminton

athletics
atletiek

handball
handbal

skiing
skiën

polo
polo

jump
springen

laugh
lachen

hug
knuffelen

walk
lopen

sing
zingen

dream
dromen

pray
bidden

kiss
kussen

write
schrijven

draw
tekenen

show
tonen

push
duwen

give
geven

take
oppakken

have
hebben

do
doen

be
zijn

stand
staan

run
rennen

pull
trekken

throw
gooien

fall
vallen

lie
liggen

wait
wachten

carry
dragen

sit
zitten

get dressed
aankleden

sleep
slapen

wake up
wakker worden

activities - activiteiten

look at

bekijken

cry

huilen

stroke

strelen

comb

kammen

talk

praten

understand

begrijpen

ask

vragen

listen

horen

drink

drinken

eat

eten

tidy up

opruimen

love

houden van

cook

koken

drive

rijden

fly

vliegen

sail

zeilen

calculate

rekenen

read

lezen

learn

leren

work

werken

marry

trouwen

sew

naaien

brush teeth

tandenpoetsen

kill

doden

smoke

roken

send

verzenden

grandmother
grootmoeder

grandfather
grootvader

father
vader

mother
moeder

baby
baby

daughter
dochter

son
zoon

guest

gast

aunt

tante

uncle

oom

brother

broer

sister

zus

forehead
voorhoofd

eye
oog

shoulder
schouder

finger
vinger

face
gezicht

chin
kin

hand
hand

breast
borst

leg
been

arm
arm

baby
baby

man
man

woman
vrouw

girl
meisje

boy
jongen

head
hoofd

back
rug

belly
buik

navel
navel

toe
teen

heel
hiel

bone
bot

hip
heup

knee
knie

elbow
elleboog

nose
neus

buttocks
achterwerk

skin
huid

cheek
wang

ear
oor

lip
lippen

body - lichaam

mouth

mond

tooth

tand

tongue

tong

brain

hersenen

heart

hart

muscle

spier

lung

long

liver

lever

stomach

maag

kidneys

nieren

sex

geslachtsgemeenschap

condom

condoom

ovum

eicel

semen

sperma

pregnancy

zwangerschap

menstruation

menstruatie

vagina

vagina

penis

penis

eyebrow

wenkbrauw

hair

haar

neck

hals

hospital
ziekenhuis

ambulance
ambulance

wheelchair
rolstoel

fracture
fractuur

doctor

dokter

emergency room

EHBO

nurse

verpleegster

emergency

noodgeval

unconscious

bewusteloos

pain

pijn

injury

verwonding

bleeding

bloeding

heart attack

hartaanval

stroke

beroerte

allergy

allergie

cough

hoest

fever

koorts

flu

griep

diarrhea

diarree

headache

hoofdpijn

cancer

kanker

diabetes

diabetes

surgeon

chirurg

scalpel

scalpel

operation

operatie

CT

CT

x-ray

röntgen

ultrasound

echografie

face mask

gezichtsmasker

disease

ziekte

waiting room

wachtkamer

crutch

kruk

plaster

pleister

bandage

verband

injection

injectie

stethoscope

stethoscoop

stretcher

brancard

clinical thermometer

thermometer

birth

geboorte

overweight

overgewicht

hearing aid

gehoorapparaat

disinfectant

ontsmettingsmiddel

infection

infectie

virus

virus

HIV / AIDS

HIV / AIDS

medicine

medicijn

vaccination

inenting

tablets

tabletten

pill

pil

emergency call

alarmnummer

blood pressure monitor

bloeddrukmeter

ill / healthy

ziek / gezond

Help!

Help!

alarm

alarm

assault

overval

attack

aanval

danger

gevaar

emergency exit

nooduitgang

Fire!

Brand!

fire extinguisher

brandblusser

accident

ongeluk

first-aid kit

EHBO-koffer

SOS

SOS

police

politie

Europe

Europa

North America

Noord-Amerika

South America

Zuid-Amerika

Africa

Afrika

Asia

Azië

Australia

Australië

Atlantic

Atlantische Oceaan

Pacific

Stille Oceaan

Indian Ocean

Indische Oceaan

Antarctic Ocean

Zuidelijke Oceaan

Arctic Ocean

Noordelijke IJszee

North pole

Noordpool

South pole

Zuidpool

Antarctica

Antarctica

earth

aarde

land

land

sea

zee

island

eiland

nation

natie

state

staat

earth - aarde

clock face

wijzerplaat

hour hand

uurwijzer

minute hand

minutenwijzer

second hand

secondewijzer

What time is it?

Hoe laat is het?

day

dag

time

tijd

now

nu

digital watch

digitaal horloge

minute

minuut

hour

uur

Monday
maandag

Wednesday
woensdag

Friday
vrijdag

Tuesday
dinsdag

Saturday
zaterdag

Thursday
donderdag

Sunday
zondag

yesterday

gisteren

today

vandaag

tomorrow

morgen

morning

ochtend

noon

middag

evening

avond

workdays

werkdagen

weekend

weekend

rain
regen

snow
sneeuw

wind
wind

spring
voorjaar

fall
herfst

summer
zomer

winter
winter

4.APRIL	11°	☀
5.APRIL	4°	☁
6.APRIL	13°	☂
7.APRIL	8°	☀
8.APRIL	10°	☀

weather forecast

weerbericht

thermometer

thermometer

sunshine

zonneschijn

cloud

wolk

fog

mist

humidity

luchtvochtigheid

lightning

bliksem

thunder

donder

storm

storm

hail

hagel

monsoon

moesson

flood

overstroming

ice

ijs

January

januari

February

februari

March

maart

April

april

May

mei

June

juni

July

juli

August

augustus

September
....
september

October
....
oktober

November
....
november

December
....
december

circle
....
cirkel

square
....
vierkant

rectangle
....
rechthoek

triangle
....
driehoek

sphere
....
bol

cube
....
kubus

white
....
wit

yellow
....
geel

orange
....
oranje

pink
....
roze

red
....
rood

purple
....
paars

blue
....
blauw

green
....
groen

brown
....
bruin

gray
....
grijs

black
....
zwart

a lot / a little

veel / weinig

angry / calm

boos / rustig

beautiful / ugly

mooi / lelijk

beginning / end

begin / einde

big / small

groot / klein

bright / dark

licht / donker

brother / sister

broer / zus

clean / dirty

schoon / vies

complete / incomplete

volledig / onvolledig

day / night

dag/ nacht

dead / alive

dood / levend

wide / narrow

breed / smal

edible / inedible

eetbaar / oneetbaar

evil / kind

gemeen / aardig

excited / bored

opgewonden / verveeld

fat / thin

dik / dun

first / last

eerste / laatste

friend / enemy

vriend / vijand

full / empty

vol / leeg

hard / soft

hard / zacht

heavy / light

zwaar / licht

hunger / thirst

honger / dorst

ill / healthy

ziek / gezond

illegal / legal

illegaal / legaal

intelligent / stupid

intelligent / dom

left / right

links / rechts

near / far

dichtbij / ver

new / used

nieuw / gebruikt

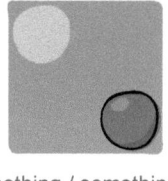

nothing / something

niets / iets

old / young

oud / jong

on / off

aan / uit

open / closed

open / gesloten

quiet / loud

zacht / luid

rich / poor

rijk / arm

right / wrong

goed / fout

rough / smooth

ruw / glad

sad / happy

verdrietig / gelukkig

short / long

kort / lang

slow / fast

langzaam / snel

wet / dry

nat / droog

warm / cool

warm / koel

war / peace

oorlog / vrede

numbers

getallen

0
zero
nul

1
one
één

2
two
twee

3
three
drie

4
four
vier

5
five
vijf

6
six
zes

7
seven
zeven

8
eight
acht

9
nine
negen

10
ten
tien

11
eleven
elf

12

twelve

twaalf

13

thirteen

dertien

14

fourteen

veertien

15

fifteen

vijftien

16

sixteen

zestien

17

seventeen

zeventien

18

eighteen

achttien

19

nineteen

negentien

20

twenty

twintig

100

hundred

honderd

1.000

thousand

duizend

1.000.000

million

miljoen

languages

talen

English
....
Engels

American English
....
Amerikaans Engels

Chinese Mandarin
....
Chinees Mandarijn

Hindi
....
Hindi

Spanish
....
Spaans

French
....
Frans

Arabic
....
Arabisch

Russian
....
Russisch

Portuguese
....
Portugees

Bengali
....
Bengalees

German
....
Duits

Japanese
....
Japans

I
ik

you
jij

he / she / it
hij / zij / het

we
wij

you
jullie

they
zij

who?
wie?

what?
wat?

how?
hoe?

where?
waar?

when?
wanneer?

name
naam

behind

achter

in

in

in front of

voor

over

boven

on

op

under

onder

beside

naast

between

tussen

place

plaats